PROJET

D'UN COLLÉGE

POUR

TROIS CENTS ÉLÈVES

AVEC

LOGEMENT DES DIRECTEURS, MAITRES ET GENS DE SERVICES, ETC.

DIVISÉ EN GRAND ET PETIT COLLÉGE

D'APRÈS LE PROGRAMME DE M. L'ABBÉ NICOLLE,
ANCIEN MEMBRE DU CONSEIL DE L'INSTRUCTION PUBLIQUE,
ET RECTEUR DE L'ACADÉMIE DE PARIS.

Par A. L. LUSSON,

ARCHITECTE DES TRAVAUX PUBLICS,
ANCIEN COMMISSAIRE VOYER DE PREMIÈRE CLASSE
DE LA VILLE DE PARIS.

Parmi les nombreux Colléges construits en France et à l'étranger, on aurait peut-être peine à en trouver un dont la disposition des bâtiments, la distribution intérieure, les dépendances soient le fruit d'une pensée mûrie par l'expérience ; la plupart sont établis dans des édifices destinés primitivement à un autre usage, auxquels on a ajouté comme on a pu des constructions indispensables, mais presque toujours insuffisantes pour les besoins. Ceux qui ont été bâtis exprès pour de semblables établissements se ressentent plus ou moins de l'égoïsme ou de l'imprévoyance des ordonnateurs ; ils n'offrent le plus souvent, comme au Collége Mazarin, au Collége de France, qu'un corps de logis fastueux consacré à l'habitation des maîtres, puis des salles d'études, des cuisines, des dortoirs, etc., disposés sans ordre, sans méthode, et accommodés le mieux possible sur le terrain qui restait disponible, après avoir prodigué à l'objet secondaire ce qui devait l'être à l'objet principal.

Les besoins d'un tel établissement sont de diverses natures; les uns touchent le physique et le moral des élèves, les autres ce qui concerne le service intérieur. Les premiers veulent que les bâtiments soient salubres, c'est-à-dire isolés d'habitations particulières, exposés autant qu'on peut à l'influence du midi, et entourés de plantations qui récréent la vue et purifient l'air; qu'il y ait une cour spacieuse pour la récréation, un emplacement spécial pour les exercices gymnastiques; que les élèves d'âges disproportionnés soient séparés dans les classes, les réfectoires, les dortoirs et jusque dans leurs jeux, mais sans être cependant entièrement isolés les uns des autres; que la discipline la plus parfaite puisse être incessamment maintenue; enfin, qu'à toute heure de jour et de nuit les supérieurs aient les moyens de rendre impossibles ces désordres si difficiles à prévenir dans les agrégations nombreuses, désordres qui causent trop souvent la ruine des élèves.

Les besoins du service demandent, avant tout, une circulation facile dans toutes les parties du bâtiment, une classification méthodique et régulière dans les logements des supérieurs, des maîtres et des élèves; que chaque spécialité du service occupe la place la plus convenable à son objet; que le principe de la séparation des âges et celui d'une surveillance permanente puissent être constamment suivis.

Il appartenait à un homme qui a vieilli dans l'instruction publique, qui a été successivement maître d'études, maître de conférences et préfet des études dans la célèbre communauté de Sainte-Barbe, puis chef d'institution à Saint-Pétersbourg, puis fondateur du célèbre lycée Richelieu à Odessa, puis membre du Conseil de l'Instruction publique, recteur de l'Académie de Paris; à l'abbé Nicolle enfin, de rédiger le programme d'un tel Collége, avec cette prévoyance, cette connaissance intime des choses que peut donner un demi-siècle d'expérience et de méditation.

Les plans que je mets ici sous les yeux du public sont ceux que je rédigeai sous la dictée de ce célèbre abbé, pour accompagner son livre intitulé : *Plan d'éducation ou projet d'un Collége nouveau*(¹), livre dans lequel sont développées non-seulement les meilleures dispositions à donner à l'édifice consacré à l'établissement, mais tout ce qui tient à l'administration de la maison et à la direction des études. La netteté du rendu de mes dessins et les renvois gravés sur les marges feront apprécier combien étaient mûres les idées qui me furent communiquées. A l'ordre, à la méthode, à la prévoyance qui présidèrent au choix, à l'emplacement, à la disposition de chacune des nombreuses parties de cet immense ensemble, on reconnaîtra le fruit d'une expérience consommée, et l'influence de cette pensée prédominante du bien des élèves qui maîtrisa et dirigea constamment l'abbé Nicolle dans sa glorieuse carrière universitaire.

Comme on le voit, ma tâche dans ce travail était de prêter mon crayon à l'expression d'une pensée qui n'était pas la mienne, de la traduire dans la langue de l'art, en la subordonnant à quelques-unes de ses exigences, de lui donner la vie en un mot. Je ne sais à quel point j'ai rempli ma mission et répondu à la confiance dont j'ai été honoré, mais j'ai du moins la satisfaction d'avoir tracé sur des données reconnues bonnes, parce qu'elles ont pour base l'expérience et la raison, le modèle d'un Collége digne d'une grande ville. Sans doute, selon le besoin, les localités, l'importance du budget de dépenses, plusieurs de ses dispositions pourront subir des modifications; on pourra adopter une plus grande échelle, donner plus de développement à certaines parties que j'ai cru devoir resserrer par économie dans des limites un peu exiguës, ou même restreindre l'édifice à un simple, au lieu d'un double Collége. Il sera loisible aussi à l'architecte d'adopter un tout autre parti que le mien pour la décoration et la division des façades, mais il lui faudra toujours respecter cet enchaînement raisonné des parties, cette classification méthodique des pièces destinées à l'habitation des supérieurs, des subalternes et des élèves, comme de celles affectées aux études, aux récréations, aux exercices du corps; en un mot cette unité de vues qui constitue le mérite de cette création jusqu'alors sans exemple.

(1) Paris, chez Gosselin; in-8°, 1834.

Pour ne pas répéter ce que les renvois des planches expliquent en détail, nous dirons ici sommairement :

La maison sera composée de trois parties ;

D'une avant-cour, d'un corps de logis, et d'ailes adjacentes.

AVANT-COUR.

L'avant-cour se divisera en trois parties : avant-cour proprement dite, et deux cours latérales.

Au milieu du mur extérieur de l'avant-cour proprement dite sera la porte d'entrée, avec logement de portier de chaque côté.

La cour latérale à droite renfermera un bûcher, les fourneaux des bains et la buanderie.

La cour latérale à gauche renfermera une écurie, une remise et une vacherie.

CORPS-DE-LOGIS ET AILES ADJACENTES.

Le corps de logis principal formera un carré.

Le premier côté ou façade antérieure aura un soubassement, un rez-de-chaussée et trois étages.

Le second et le troisième côté auront un rez-de-chaussée et trois étages.

Le quatrième côté sera au midi, et n'aura qu'un rez-de-chaussée, pour que la cour puisse recevoir les influences du soleil, et pour que l'air puisse circuler librement.

Il y aura deux ailes adjacentes à la façade antérieure, l'une à droite, l'autre à gauche. Toutes deux auront un rez-de-chaussée et un entre-sol.

Il y aura encore deux autres ailes attachées à la façade de derrière, l'une à droite, l'autre à gauche. Chacune d'elles n'aura qu'un rez-de-chaussée.

Le corps de logis et les ailes adjacentes formeront deux colléges entièrement séparés, et réunis seulement au centre.

SOUBASSEMENT.

Au centre, la cuisine avec ses dépendances.

A droite, des caves.

A gauche, des magasins.

REZ-DE-CHAUSSÉE.

Au centre de la façade antérieure, le réfectoire des professeurs. Au centre opposé, la chapelle, commune au grand et petit Collége.

A gauche, pour le service du petit Collége :

Le réfectoire des classes inférieures et un grand escalier ;

Les cinq classes de huitième, de septième, de sixième, de cinquième et de quatrième ;

Une salle de retenue, une salle de réunion, avec deux salles de répétitions ;

En outre, dans une des ailes adjacentes, la lingerie ; dans celle en regard, une salle de dessin et le logement de l'aumônier du petit Collége.

A droite, pour le service du grand Collége :

Le réfectoire des classes supérieures et un grand escalier ;

Les classes de troisième, de seconde, de rhétorique, et les deux classes des sciences ;

Une salle de retenue, une salle de réunion, avec deux salles de répétitions ; .

En outre, dans une des ailes adjacentes, les bains ; dans celle en regard une salle de dessin et logement de l'aumônier du grand Collége.

PREMIER ÉTAGE.

Au centre, le parloir commun aux deux Colléges, avec le logement du Directeur, d'un côté, et tout ce qui concerne l'administration économique de l'autre.

A gauche, les deux dortoirs des classes de huitième et septième et chambres de maîtres et du garçon de classe, etc.

En outre, dans l'aile adjacente au petit Collége, dépôt d'habillement, de chaussures, etc.

A droite, les dortoirs des classes de troisième et de seconde, avec chambres de maîtres et du garçon de classe, etc.

En outre, dans l'aile adjacente au grand Collége, l'infirmerie divisée en deux parties, l'une pour le petit Collége, l'autre pour le grand.

SECOND ÉTAGE.

Au centre, la bibliothèque avec un cabinet d'histoire naturelle d'un côté, et un cabinet de physique de l'autre.

A gauche, le logement du Sous-Directeur du petit Collége, et les dortoirs des classes de sixième et de cinquième, avec chambres de maîtres et du garçon de classe, etc.

A droite, le logement du Sous-Directeur du grand Collége, les dortoirs de la classe de rhétorique et de la classe des sciences, première année, également avec chambres de maîtres et garçons de classes.

TROISIÈME ÉTAGE.

Au centre, chambres d'arrêts divisées en deux parties, l'une pour le petit Collége, l'autre pour le grand.

A gauche, logements de professeurs, logements de divers maîtres, dortoirs de la classe de quatrième, et d'un maître et d'un garçon de classe, etc.

A droite, logements de professeurs, logements de divers maîtres, dortoirs de la classe des sciences, deuxième année, toujours avec la chambre du maître surveillant et celle du garçon de classe, etc.

COUR INTÉRIEURE.

La cour intérieure sera divisée en deux, l'une pour les récréations du petit Collége, l'autre pour celles du grand. Elles seront l'une et l'autre séparées par une allée plantée d'arbres et réservée exclusivement pour les professeurs.

Dans chacune des deux divisions de la cour intérieure, en face de chaque classe, seront placées des latrines qui, par leur construction, formeront une espèce d'ornement, et par leur position seront très favorables à l'ordre.

Outre la cour intérieure, il y aura, pour chaque collége, deux autres cours séparées par les corps de logis, destinées à des exercices gymnastiques dont l'utilité est reconnue, et qui ont été adoptés dans les Colléges de Paris.

De cette manière, les élèves de chaque Collége seront séparés, tant pour les classes que pour les récréations, pour les réfectoires, pour les dortoirs, pour les salles de divers exercices, pour les salles de retenue, pour les chambres d'arrêts, et même pour l'infirmerie.

Le principe de la séparation sera également appliqué dans les dortoirs des élèves de chaque classe, qui auront chacun leur chambre particulière.

Pour mettre dans cette division l'unité qui en fera le succès, le Directeur sera au centre de l'établissement, afin qu'il en ait sous son inspection immédiate le mouvement entier. De plus, les Sous-Directeurs de chaque Collége exerceront par une disposition semblable, sur la partie qui les concerne, la même surveillance que le Directeur exercera sur l'ensemble. Enfin, les professeurs mêmes et les maîtres, dont les logements domineront les cours, s'associeront naturellement à cette surveillance, et ainsi tout le Collége sera sans cesse sous les yeux de tous les fonctionnaires.

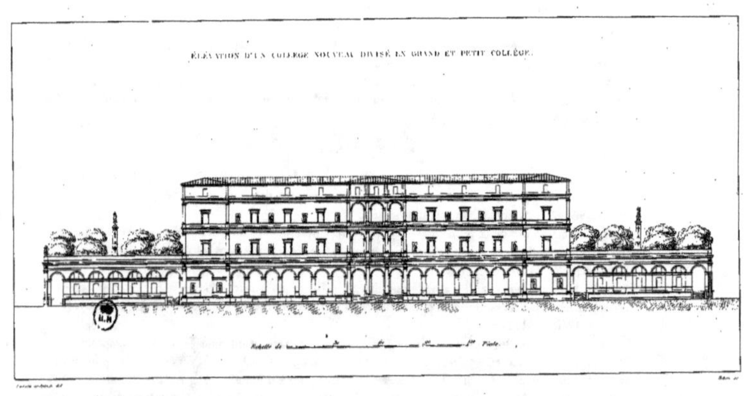

ÉLÉVATION D'UN COLLÈGE NOUVEAU DIVISÉ EN GRAND ET PETIT COLLÈGE.

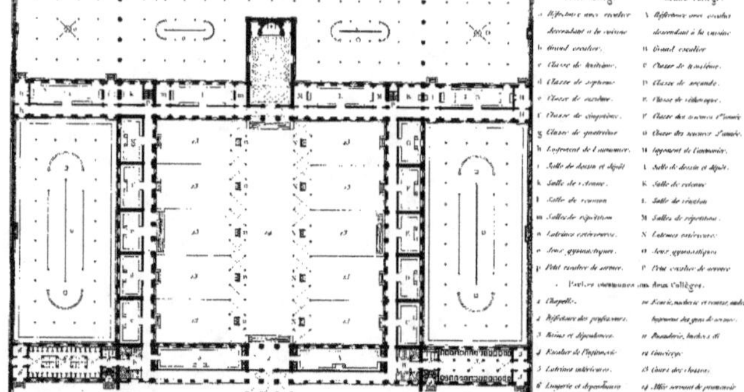

RENVOIS.

Petit Collège	Grand Collège
a Réfectoire avec escalier descendant à la cuisine	A Réfectoire avec escalier descendant à la cuisine
b Grand escalier	B Grand escalier
c Classe de huitième	C Classe de troisième
d Classe de septième	D Classe de seconde
e Classe de sixième	E Classe de rhétorique
f Classe de cinquième	F Classe des sciences 1re année
g Classe de quatrième	G Classe des sciences 2e année
h Logement de l'économe	H Logement de l'économe
i Salle de dessin et dépôt	I Salle de dessin et dépôt
k Salle de science	K Salle de science
l Salle de réunion	L Salle de réunion
m Salles de répétition	M Salles de répétition
n Latrines extérieures	N Latrines extérieures
o Jeux gymnastiques	O Jeux gymnastiques
p Petit escalier de service	P Petit escalier de service

Parties communes aux deux Collèges.

1 Chapelle.	10 Écurie, vacherie et remise, au-dessus logement des gens de service.
2 Réfectoire des professeurs.	11 Buanderie, bûcher et cli.
3 Bains et dépendances.	12 Conciergerie.
4 Escalier de l'infirmerie.	13 Cours des classes.
5 Latrines intérieures.	14 Allée servant de promenoir pour les professeurs.
6 Lingerie et dépendances.	15 Cours latérales.
7 Escalier de service.	16 Avant-cours.
8 Entrées réservées.	
9 Réservoir et chaudières.	

Nota. Les cuisines et dépendances sont placées dans le soubassement au-dessous des réfectoires; on y descend par les grands escaliers et pour le service extérieur par les petits escaliers dont les entrées sont dans les cours latérales.

Plan du premier étage

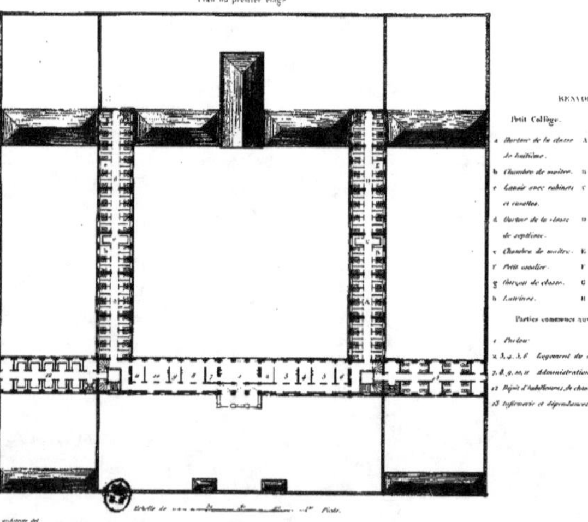

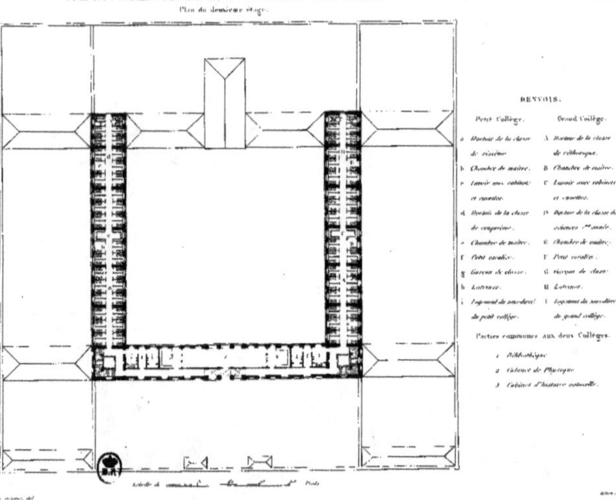

PLAN D'UN COLLÉGE NOUVEAU DIVISÉ EN GRAND ET PETIT COLLÉGE.
Plan du deuxième étage.
PL. 3.
RENVOIS.
Petit Collège.
Grand Collège.
a Hauteur de la classe de sixième.
A Hauteur de la classe de rhétorique.
b Chambre de maître.
B Chambre de maître.
c Lavoir avec robinets et cuvettes.
C Lavoir avec robinets et cuvettes.
d Hauteur de la classe de cinquième.
D Hauteur de la classe des sciences 1re année.
e Chambre de maître.
E Chambre de maître.
f Petit cavalier.
F Petit cavalier.
g Garçon de classe.
G Garçon de classe.
h Latrines.
H Latrines.
i Logement de surveillant du petit collège.
I Logement de surveillant du grand collège.
Parties communes aux deux Collèges.
1 Bibliothèque
2 Cabinet de Physique
3 Cabinet d'histoire naturelle.
Échelle de ... Mètres

Plan du troisième étage.

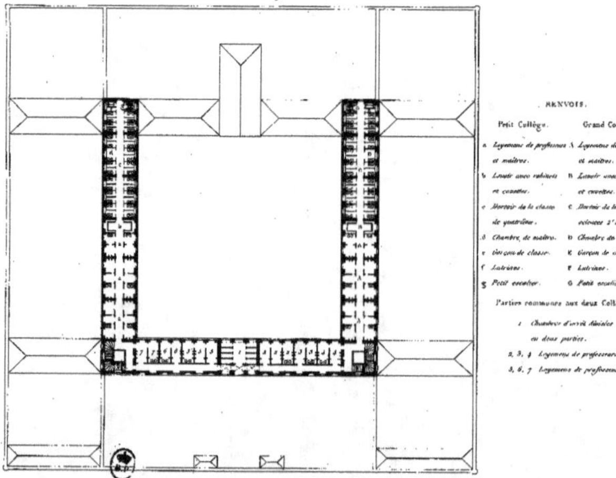

Échelle de ________ Pieds.

PROJET
D'UN ARCHEVÊCHÉ

POUR

LA VILLE DE PARIS

AVEC

PLAN ET ÉLÉVATION

DE

L'ÉGLISE MÉTROPOLITAINE

Par A. L. LUSSON,

ARCHITECTE DES TRAVAUX PUBLICS,
ANCIEN COMMISSAIRE VOYER DE PREMIÈRE CLASSE
DE LA VILLE DE PARIS.

PARIS

A. L. LUSSON, ARCHITECTE,
RUE DES SAINTS-PÈRES, 13.
1837

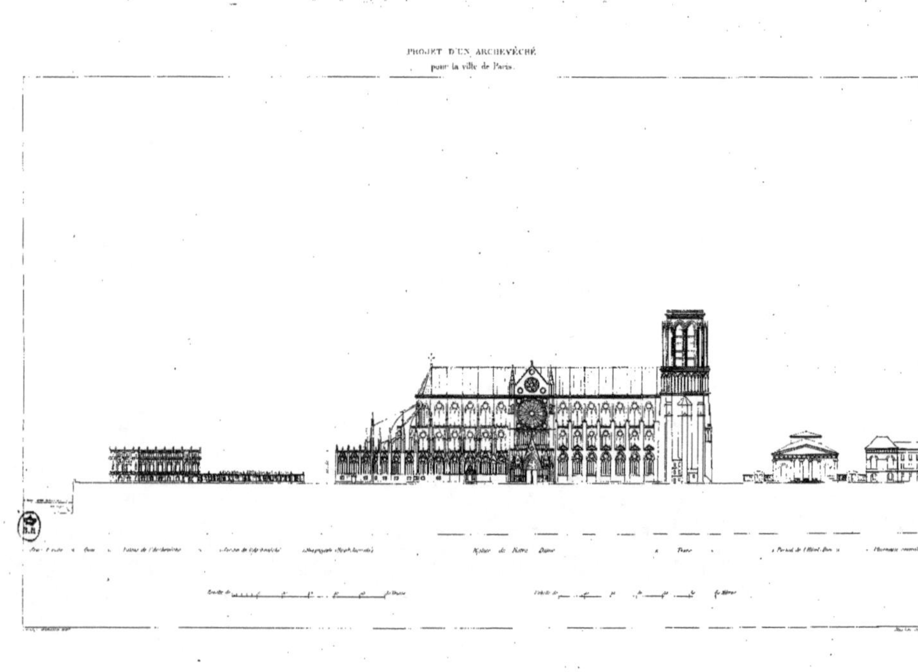

PROJET D'UN ARCHEVÊCHÉ
pour la ville de Paris.
Palais de l'Archevêché
Église de Notre Dame
Portail de l'Hôtel-Dieu

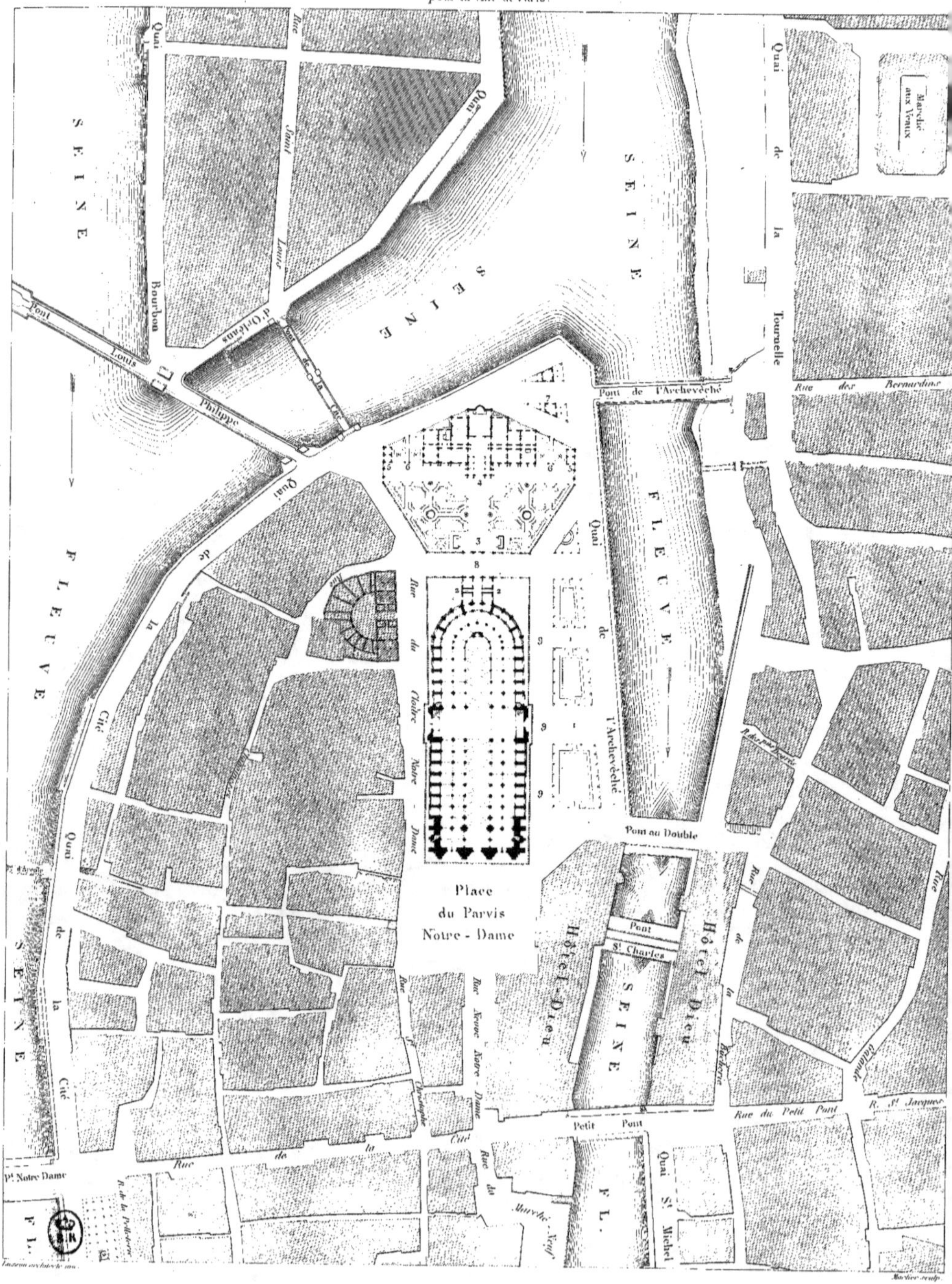

PLAN DU QUARTIER DE L'ÉGLISE MÉTROPOLITAINE
avec Projet de distribution des Terrains qu'occupaient
les Bâtimens et Jardins de l'ancien Archevêché
de Paris.

1. Promenade publique.
2. Sacristie projetée.
3. Jardin de l'Archevêché clos d'une grille, se liant avec la Promenade.
4. Bâtiment de l'Archevêché; les Bureaux sont au rez-de-chaussée, l'habitation principale au 1ᵉʳ étage, les logemens accessoires dans l'attique.
5. Portiques.
6. Petites cours avec entrée particulière.
7. Cour de garde.
8. Rue nouvelle entre la sacristie et le Jardin de l'Archevêché.
9. Rue nouvelle entre l'Église et la Promenade publique.

Échelle de ... Mètres.

OBSERVATIONS

SUR

LE PROJET DE LOI

PRÉSENTÉ A LA CHAMBRE DES DÉPUTÉS

PAR LE MINISTRE DES FINANCES

LE 23 FÉVRIER 1837,

AYANT POUR OBJET DE CONCÉDER A LA VILLE DE PARIS,
A CERTAINES CONDITIONS, LES TERRAINS JADIS OCCUPÉS PAR LES BATIMENTS, COUR ET JARDIN
DE L'ARCHEVÊCHÉ.

Lorsque, de temps immémorial, chaque village a son presbytère, chaque siége épiscopal son palais non loin de son église ou de sa cathédrale, Paris, la plus riche ville de l'univers en édifices de luxe et d'utilité publique, ne saurait être eternellement privée d'un palais archiépiscopal, placé, selon l'usage constant de la chrétienté, auprès de son antique basilique. Un jour viendra, et ce jour n'est peut-être pas éloigné, où le Gouvernement, se rendant au désir public, songera à doter la ville d'un monument digne d'elle. Maintenant qu'il s'agit d'aliéner à jamais les terrains de l'ancien archevêché, je crois devoir, dans l'intérêt du pays, publier mes idées et les appuyer du plan ici gravé d'un palais archiépiscopal à élever sur une partie de ces mêmes terrains, afin d'appeler l'attention des ministres et des Chambres sur le magnifique emplacement que les circonstances ont rendu disponible pour l'établissement d'un tel monument, et de les déterminer à le conserver au moins dans le domaine de l'État, jusqu'à ce que la prospérité des finances permette de l'utiliser. Il me paraît d'autant plus urgent de ne pas aliéner cette fraction de terrains, que le jour où l'on voudra réaliser mon projet, ou tout autre analogue, on se trouvera dans la nécessité de racheter à prix onéreux ce qu'on aura pour ainsi dire donné, ou d'acquérir, à prix plus onéreux encore, pour deux millions au moins de propriétés particulières, afin de se procurer un emplacement qui, assurément, ne sera ni aussi convenable, ni aussi bien disposé que celui dont l'État est aujourd'hui en possession.

Sans doute le dessin que je joins à cet écrit n'est pas au-dessus de la critique et se sent de la précipitation avec laquelle il a été rédigé; mais j'ose croire que dans ses points principaux il obtiendra la sanction des hommes de l'art, qu'ils y verront une scrupuleuse observation des données du programme imposé par les localités, par l'urgence de placer le palais de l'archevéque auprès de la cathédrale, et par le considérant du projet de loi présenté aux Députés le 23 février 1837.

Ces données, voici comme je les ai comprises :

1° Trouver sur le terrain qu'occupaient naguère les bâtiments, cour et jardin de l'Archevêché, un emplacement convenable pour établir dignement l'habitation et l'administration archiépiscopale.

2° Donner à cette habitation un aspect grandiose en développant son front sur les bords de la Seine, et en lui donnant, du côté de la cathédrale, une étendue et une importance proportionnées à son objet.

3° Éloigner suffisamment ses bâtiments du colosse gothique pour qu'ils n'en obstruent pas la vue et forment avec lui un tableau pittoresque, et que l'ensemble ait cette régularité, cette unité de vue qui sont un des principaux charmes de toute composition architecturale.

4° Disposer les choses de manière à ce que le prélat puisse arriver à pied de chez lui à l'église, sans avoir à parcourir la voie publique.

5° Isoler la Cathédrale de toutes parts et rendre son aspect agréable et pittoresque, en établissant auprès des plantations d'arbres devant former promenade publique et contribuer à l'assainissement d'un quartier populeux.

6° Donner à l'Église une Sacristie qui soit en harmonie avec son architecture, en remplacement du hors-d'œuvre informe et mal placé qu'elle possède aujourd'hui.

7° Enfin combiner les constructions et plantations nouvelles avec les ponts, les quais, les autres abords déjà existants, de manière à ce que toutes les convenances soient satisfaites aussi bien que ce principe de l'art, qui veut un cadre à tout monument important, afin qu'il ne se perde pas dans le vague.

L'étude apprendra jusqu'à quel point mes plans satisfont à ces données; ils démontrent déjà qu'on y peut parvenir et qu'aucun emplacement n'est plus favorable à l'établissement d'un palais archiépiscopal que celui que j'ai choisi.

Il me reste à prouver que la réserve et l'emploi des terrains de l'ancien archevêché à la reconstruction d'un palais plus en rapport que le précédent avec l'opulence de la ville de Paris, procurerait au trésor une économie de plus de deux millions.

Voici les calculs appelés à mon aide :

Les terrains occupés dans mon plan par le Palais de l'Archevêque offrent une superficie de 5350 mètres. Ces 5350 mètres, qui coûteraient chacun au moins 400 francs si l'on devait se les procurer par l'acquisition de propriétés chargées de maisons, donnent un capital de 2,140,000 francs.

Si l'on ajoute à cette somme ce qu'il en coûterait pour isoler le Palais par des percés spacieux, si l'on regarde ensuite autour de la Cathédrale les propriétés privées qui pourraient être achetées un jour pour remplir l'objet proposé, on sera convaincu que l'économie et les convenances de localité sont en faveur de mon projet, qui distribue sur le vaste terrain de l'ancien archevêché un nouveau Palais archiépiscopal avec toutes ses dépendances, une Sacristie pour l'église métropolitaine, une Promenade publique plantée d'arbres, et procure à la Cathédrale un isolement complet.

Maintenant qu'il est démontré combien le Gouvernement est intéressé à se réserver le terrain sur lequel j'établis un nouvel archevêché, je fais des vœux, comme citoyen et comme artiste, pour qu'il le conserve et ne concède à la ville de Paris que les abords immédiats de la cathédrale.

Paris, ce 1er Mars 1837.

Lusson,

Architecte des travaux publics,
ancien Commissaire-Voyer de première Classe de la ville de Paris.
Rue des Saints-Pères, 13.

Quand j'adressai à M. le Ministre des Finances mon projet d'Archevêché et mes observations sur l'aliénation des terrains sur lesquels je pensais qu'on pourrait élever un palais archiépiscopal, le temps m'avait manqué pour joindre les élévations aux plans, et présenter ainsi, dans leurs rapports de proportion, l'ensemble des différentes parties composant le grand tout. La planche ci-jointe complète cette lacune; elle démontrera jusqu'à l'évidence, je l'espère, la supériorité de mes vues sur celles qu'on m'a opposées. J'attache d'autant plus de prix à cette démonstration, que plusieurs artistes et des hommes d'état distingués m'ont fait l'honneur d'adopter et de défendre mes idées avant que j'eusse pu les appuyer de tous les éléments secondaires capables d'entraîner une pleine conviction. Ce concours de suffrages ne pouvant manquer d'avoir tôt ou tard une influence salutaire sur les décisions de l'autorité, je ne puis résister au désir de consigner ici les passages de l'éloquent discours prononcé à la Chambre par un noble Pair, pour exposer et résumer les principaux avantages de mes plans. Si un jour, j'ai la satisfaction de les voir pris en considération, je m'en réjouirai; si par des motifs étroits et d'intérêt privé ils sont tout-à-fait écartés, en les consignant dans ce recueil où j'ai réuni plusieurs de mes projets d'embellissement de la ville de Paris, j'aurai ménagé aux amis des arts les moyens d'établir dans le silence du cabinet un parallèle entre ce qui sera établi et ce qui aurait pu ou dû l'être. Quel que soit le résultat de leur jugement, je n'aurai pas lieu de m'en plaindre : mon amour-propre cédera toujours le pas à mon amour du bien public.

FRAGMENT DU DISCOURS PRONONCÉ PAR UN NOBLE PAIR,

A LA SÉANCE DU 19 MAI 1837.

Un point important semble accordé par le ministère; si je me trompe, MM. les ministres voudront bien me le dire : c'est que l'archevêché de Paris doit être placé près de la métropole.

Il ne reste plus par conséquent qu'une seule chose à examiner, à savoir : dans quelle situation, à portée de la métropole, le palais archiépiscopal remplira le mieux toutes les conditions d'agrément, de liberté dans les communications, d'accompagnement pour la superbe basilique qui doit rester isolée de manière qu'on puisse la contempler de tous côtés.

Trois projets sont en ce moment sous les yeux de la chambre; l'un est d'un architecte honorablement connu, M. Lusson; les deux autres expriment avec quelque variété la pensée d'établir le palais de l'archevêché à portée de la cathédrale. On suppose que le gouvernement a l'intention d'adopter l'un de ces deux derniers projets.

La Chambre pourrait demander aux ministres de vouloir bien s'expliquer à ce sujet : parce que j'espère vous convaincre, par l'examen rapide des trois plans, que celui de M. Lusson, dont mon amendement n'est que l'application, est le seul qui concilie tous les intérêts.

Les deux derniers projets placent le palais de l'archevêché sur le flanc et en avant de la métropole, au nord, occupant : 1º l'emplacement du bâtiment dit des écuries de l'Archevêché; 2º des terrains couverts de maisons qu'il conviendrait d'acquérir de manière à former un espace libre de 5,600 à 6,000 mètres.

Le projet de M. Lusson place l'axe du palais sur le prolongement de l'axe de la métropole, et dispose de 5,350 mètres sur les 10,000 que contient l'emplacement de l'ancien archevêché.

Le palais est situé de manière que l'église reste entièrement isolée et qu'on peut la voir en entier et sous toutes les faces.

Le projet conserve des communications, non-seulement libres, mais directes entre tous les ponts qui arrivent sur le plateau de Notre-Dame.

Il laisse de tous côtés de grands courants d'air; il laisse libre un espace commode pour une promenade publique entre la basilique et la rivière du côté de l'Hôtel-Dieu. Il permet d'apercevoir au loin sur le cours de la rivière, en amont, la basilique dans toute sa magnificence; enfin, le bâtiment n'étant élevé que de 36 pieds, et la décoration de la façade extérieure devant être en harmonie avec l'architecture de l'église, il en résulte que sous le rapport de l'art comme sous celui de la libre circulation et de la salubrité, ce projet réunit toutes les conditions que l'on peut désirer dans l'établissement d'un pareil monument.

Les deux autres projets placent l'archevêché sur le côté et en avant d'une des faces de la cathédrale; l'édifice se trouve dans une situation irrégulière, et ne peut plus accompagner la basilique pour former avec elle une sorte d'ensemble. L'un et l'autre entourent ensuite la moitié de la cathédrale; le premier, d'une plantation régulière; le second, d'un jardin anglais.

Cette promenade, irrégulière dans sa forme, est entourée d'une grille et ôte par conséquent à la circulation une partie de sa liberté; enfin le grand nombre d'arbres qui, dans un projet comme dans l'autre, doit couvrir deux faces contiguës de l'édifice, ne peut que l'offusquer et nuire de loin comme de près à son effet général.

Le projet de M. Lusson, au contraire, remplit, et remplit seul, toutes les conditions, satisfait à toutes les obligations. Mais il est une considération plus grave encore qui assure au projet de M. Lusson un avantage incontestable, et qui doit infailliblement garantir vos suffrages à l'amendement dont il est la base; je veux parler de l'économie.

Si vous suivez le projet de M. Lusson, c'est-à-dire si vous placez l'archevêché dans le prolongement du grand axe de la cathédrale, en retenant 5,350 mètres sur les 10,000 mètres de terrain que couvrait l'ancien palais, vous n'avez d'autre dépense à faire que celle de la construction, qui, m'a-t-on assuré, peut être évaluée à 2 millions.

Si au contraire vous suivez la pensée de ceux qui veulent mettre l'archevêché, partie sur l'emplacement des anciennes écuries, partie sur les terrains adjacents appartenant à des particuliers, il faudra de toute nécessité les acheter, et des acquisitions de terrains bâtis, dans un quartier où les maisons ont une grande valeur locative, avec les frais et les indemnités, etc., *ne s'élèveront pas à moins de trois millions.* Il faudra de plus ouvrir la rue de l'Archevêché jusqu'à la rue de la Cité, et cette dépense ne peut pas s'élever *à moins de deux millions;* c'est par conséquent *cinq millions* qu'il faudra dépenser préalablement à la construction de l'édifice, sans compter les difficultés d'expropriation, d'autant plus lentes à aplanir que les expropriés diront avec raison que le motif de l'expropriation n'est point l'intérêt public, mais un caprice de l'administration en opposition avec cet intérêt.

En résumé, le projet qui s'accorde avec l'amendement satisfait à toutes les exigences; il donne le moyen de construire un archevêché aussitôt que le Gouvernement le jugera convenable, et de plus, il n'entraîne d'autre dépense que celle demandée par la construction elle-même*.

* M. Le Mⁱˢ de Dreux-Brézé.